Couvertures supérieure et inférieure
manquantes

Ingold.

L'Oratoire à Luçon.

Avec les meilleurs vœux de
bonne année de l'auteur.

31 décembre 1884.

L'ORATOIRE A LUÇON

I

Richelieu et l'Oratoire.

Dans le remarquable discours prononcé en 1866 à l'occasion de la restitution, à l'église de la Sorbonne, du chef du grand cardinal, et où il s'est attaché cependant à étudier en Richelieu l'évêque et le théologien, le P. A. Perraud n'a peut-être pas assez fait ressortir la gloire qui revient au plus illustre des évêques de Luçon pour avoir, le premier en France, établi un séminaire dans son diocèse. Dès 1611, à une époque où il n'y avait encore aucune maison de ce genre en France, et au moment même où celui qui fut dans notre pays le promoteur de la fondation de ces utiles établissements instituait la congrégation de l'Oratoire, Richelieu avait obtenu des lettres-patentes pour l'érection d'un séminaire à Luçon (1). Dès qu'il eut appris la fondation du P. de Bérulle, nous dit-il lui-même dans ses *Mémoires* (2), « apprenant que cet institut avait pour fin le secours des « évêques en l'instruction des pauvres âmes.... il prit con- « naissance du dit sieur de Bérulle et se resolut d'envoyer « sa compagnie en son dit évêché, où ils eurent la seconde « maison qu'ils possédèrent en ce royaume. » Moins d'un an après, dans une lettre à M. de Béthune (3), Richelieu parle de « Messieurs de l'Oratoire qui sont depuis 5 ou 6 mois establis à Luçon, qui se doibvent employer à l'instruction des curez » Dès ce moment il y eut donc à Luçon une sorte de séminaire dirigé par les Oratoriens. Mais il fallait, pour donner à cette fondation tout le développement qu'elle comportait, aménager des bâtiments. Mgr de Beauregard dit que « Richelieu acheta de ses deniers une maison pour y rassembler ceux qui se destinaient à l'Eglise (4) ». Il faut ajouter que l'évêque avait obtenu, par les patentes de 1611 et de 1613, l'autorisation de lever une contribution de 3,000 livres sur les bénéficiers de son diocèse (5).

Les bâtiments furent prêts vers 1616 et, le 14 décembre de cette année, Richelieu passa avec le P. de Bérulle le contrat définitif (6) dont voici la teneur :

(1) Manuscrits D. Fonteneau, xiv, p. 189, bibliothèque de Poitiers.
(2) T. V, p. 61.
(3) Avenel, *Correspond. de Richelieu*, I, p. 85.
(4) *Vie de Richelieu*, 3ᵉ cahier. L'auteur ajoute : « Cette maison, connue autrefois sous le nom de la *Souche*,... était située dans la rue qui va de la petite place près l'église à la paroisse. »
(5) Fonteneille, *Histoire de l'Évêché de Luçon*, p. 378.
(6) *Archives nationales*, MM 564, p. 64. Je le traduis du latin. — Ce document important est publié ici pour la première fois.

Armand Jean du Plessis de Richelieu, par la miséricorde divine et la grâce du St Siège apostolique évêque de Luçon, conseiller de la sérénissime et christianissime Reine de France et de Navarre, grand aumônier, conseiller et secrétaire de Sa Majesté très chrétienne, à tous et à chacun de ceux qui verront, liront et ouïront ces présentes lettres salut et sincère charité en Notre Seigneur. Comme il a toujours été dans notre intention d'ordonner et régler les actes de notre charge et office pour la grande gloire de Dieu et l'exaltation de notre sainte mère l'Eglise catholique et romaine ; la propagation de la foi de cette église ; l'extirpation des hérésies et la conversion des hérétiques ; l'instruction et l'édification spirituelle du peuple chrétien confié à nos soins et à notre sollicitude ; et comme nous avons appris et savons d'une façon certaine que les RR. Pères de la Congrégation de l'Oratoire de Jésus-Christ N. S. seraient très utiles et même nécessaires pour faire ce que nous venons de dire dans notre diocèse, à ce induit par beaucoup de justes et raisonnables causes, nous avons érigé, institué et fondé, nous érigeons, instituons et fondons par les présentes, dans notre dite ville de Luçon, une maison de prêtres de la dite congrégation du dit Oratoire ; et à cette maison, pour fonds et dot et pour subvenir à l'entretien et à la nourriture et aux nécessités et commodités des prêtres de cette congrégation qui demeureront dans cette maison ainsi érigée, nous avons assigné et uni, nous assignons et unissons le canonicat et la prébende préceptorale de notre insigne église cathédrale de Luçon, et aussi la cure ou église paroissiale de St Philbert de la même ville de Luçon; avec les droits, dépendances de ce canonicat, de cette prébende pastorale et de cette église paroissiale de St Philbert; décidant et ordonnant par les présentes, nous avons statué, décrété et ordonné, nous statuons, décrétons et ordonnons que le séminaire et le collège érigé et institué auparavant par nous dans la dite ville de Luçon soit pour toujours régi et administré par les RR. Pères de la congrégation dudit Oratoire, avec la pleine et entière disposition, administration et direction de tous les fruits, revenus, biens temporels, meubles et immeubles, donnés présentement et à l'avenir audit séminaire et collège, ou plutôt à cette dite maison de la dite congrégation substituée pour les donations à ce séminaire ou collège, afin que par eux soient remplis les devoirs de la dite prébende et charge paroissiale, et de plus à cette condition que les RR. Pères de la dite congrégation seront tenus et resteront obligés avec les revenus, donnés et affectés à la dite maison, de nourrir et habiller dans la même maison ou collège, six ou plusieurs enfants ou jeunes gens nés dans ledit diocèse de Luçon, voués et destinés au saint état du sacerdoce, et choisis pour cela par les mêmes Pères ; de plus ils auront et seront tenus d'avoir et garder dans cette dite maison deux ecclésiastiques que nous puissions nous, évêque de Luçon et nos futurs successeurs les évêques de Luçon, envoyer par tout le diocèse tant pour catéchiser le peuple et l'instruire des voies du salut que pour autres fonctions et offices ecclésiastiques à y remplir suivant que nous et nos dits successeurs le jugeront convenable; et de plus avec la réserve de servir, sa vie durant, au vénérable maître Froissart chanoine prébendier de la dite prébende préceptorale et recteur ou curé de la dite église de St Philbert une pension annuelle de 300 livres tournois ayant cours en ce royaume de France ; sous la réserve de l'agrément et bon vouloir de Notre Saint Père le Pape et du susdit siège apostolique, et d'après la résignation en faveur de l'union faite ou à faire par le dit Froissart chanoine prébendier et curé ; nous avons fait et faisons la dite érection, institution, fondation, assignation, union, ordination, réservation et affectation en toutes choses pour le mieux en mode, droit et forme qu'il se peut faire et le plus validement par nous ; lesquelles choses acceptant pour lui et ses successeurs le R. P. supérieur général de la dite congrégation, le sieur P. de Bérulle, et les vénérables et éminents Pères Nicolas de Souffour, Jacques Gastaud, docteur en théologie de la Faculté de Paris, Guillaume Gibieuf, docteur en théologie de la même Faculté; Salomon Thuandière, Charles Dorron et Jean Menant, tous prêtres de la dite congrégation et la représentant, lesquels suivant les susdites et en tant que par elles ils sont obligés d'y satisfaire, pour eux et leurs successeurs, ont promis et promettent, spontanément et librement, pour eux et leurs successeurs, et par serment se sont obligés et s'obligent foi de prêtres, renonçant à toute exception contraire, pour maintenant et plus tard. En foi et témoignage de quoi nous avons ordonné que les présentes lettres, souscrites et signées de notre main et des signatures desdits Pères acceptants, soient, par notre cher maître Ch. Gallot, clerc parisien, licencié en droit pontifical et impérial, notaire public et apostolique et notaire de la vénérable curie de Paris... demeurant rue neuve de Notre-Dame ; et en cette affaire désigné pour notre notaire et secrétaire, souscrites, contresignées et munies de notre sceau.

Donné à Paris, l'an du Seigneur 1616, le mercredi 14ᵉ du mois de décembre ; présents Maître Jean Millot, prêtre et docteur en théologie de la dite Faculté de Paris et Claude Richer, clerc d'Angers, les deux demeurant à Paris, appelés et mandés à ce comme témoins.

C'était, comme on le voit, un traité en règle ; et, avec la cure de Saint-Philibert, la prébende préceptorale et les 3,000 livres prélevées annuellement sur le clergé de Luçon en vertu des patentes royales, la fondation nouvelle paraissait assurée. Malheureusement, quand Richelieu et les Oratoriens voulurent faire enregistrer au parlement les lettres-patentes constitutives de la fondation, le chapitre, prenant tout à coup parti contre l'évêque, « forma opposition à ces patentes et à l'imposition qu'elles autorisaient à percevoir, prétendant que cette imposition était vexatoire et constituait une charge extraordinaire et trop lourde pour le diocèse (1) ».

Quelques années se passèrent dans ces contestations qui empêchaient la complète organisation du séminaire de Luçon. Cependant Richelieu, tout en commençant à s'occuper beaucoup des affaires de l'État, ne perdait pas de vue les intérêts de son diocèse. S'étant rencontré dans le cours de l'année 1619 avec le P. de Bérulle à Angoulême, auprès de la Reine-mère, Marie de Médicis, il le pressait d'envoyer à Luçon un supérieur et un prédicateur, malgré l'inexécution du traité. La lettre suivante, inédite (2), du fondateur de l'Oratoire renferme plusieurs traits relatifs à ces instances de Richelieu.

Au Père Gibbieuf superieur des prestres de l'Oratoire, à Paris.

Jésus † Maria

Mon Pere la grace de Jésus-Christ Notre Seigneur soit avec vous

(1) Fontenelle, p. 398.

(2) L'autographe est conservé aux *Archives nationales*, M 234, liasse D 2.

pour jamais. J'ay demandé par trois fois depuis quinze jours mon congé au Roy pour vaquer a nos devoirs et obligations et je ne l'ay encores peu obtenir. En attendant qu'il plaise à la bonté divine de le me donner je vous supplie continuer votre charité vers les maysons et pourveoir aux besoins pressens come de notre part sans nous en rescrire, car en cette grande distance de lieux et en l'incertitude du séjour que j'ay a faire il ny a pas apparence de differer. Dieu benira et votre obeissance et votre charité et je supplie les bons anges de vous y assister. Nonobstant les difficultés que vous me proposez je choisirai M. Grillet, et il vaut mieux payer son voyage ; en la nécessité spirituelle que nous avons et prier M. Chaire (?) qu'il differe sa tentative de quelques jours. Je n'ay point ouy le frere du P. Gault (1), et il n'y a pas apparence de faire faire un essay en un tel sujet, en une si grande et délicate audience. Nous ne pouvons a mon advis y envoyer le P. Hierosme (2) ; je m'en remets toutes fois et a vous et a luy, mais il faut qu'il con dere si Orléans peut avoir cette patience. Je considérois le P. Guille ine pour Lusson ou il est nécessaire de pourveoir d'un supérieur et prédicateur. Mais si vous l'estimez pouvoir remplir quelquune des place que pourroit tenir le P. Bence ou a Langres ou a Riom ou a Clermont, je trouve bon que vous nommiez le P. Bence a la cure de Notre-Dame des Vertus. Mais je desirerois beaucoup un pour Lusson, car il ny a plus moyen dy faire avoir patience. J'ay receu lettres du P. Litot qui désire fort estre rappelé a Paris, et il y a si longtemps quil demande destre hors de charge que je crains de manquer a ce que je lui dois de l'y retenir si longtemps. Je me promettois le descharger par le P. Bourgoing. Mais Tholoze a mon advis le requiert nécessairement. Je vous prie de considerer si le P. Bobillon côme chanoyne et aagé pouroit avoir soing de la mayson de Langres, ce nest pas tant supériorité en un si petit nombre comme celuy qu'on y peut tenir d'icy a un an ; en ce caz vous luy pouriez adjoindre le P. Duchesne que j'aymerois a Langres pour proedicateur que pour supérieur ; et je crains de le laisser longtemps a Clermont ny côme proedicateur ny autrement. Si le P. Guillaume pouvoit suffire pour superieur a Clermont vous l'y pourriez envoyer. Je ne scay pas comme se comporte le P. qui est a Riom notre frère Emond vous en peut informer. Je vous prie d'y penser. En cas de necessité le P. Morin pouroit peut estre y estre employé et celuy de Riom a Langres comme estant un lieu et air plus proche de son pays. Je vous propose ces diverses pensées toutes indigestes pour vous prier de les considerer et après y avoir pensé devant Notre-Seigneur et la Vierge, ordonnez en ce que vous jugerez convenable. Ma première pensée estoit de reserver le P. de Riom pour Troyes en la place des deuz freres qu'il faut envoyer a Saumur au lieu du P. Bourgoing qui est necessaire à la direction de la cure de Tholoze et par le mesme moyen peut suffire à la proedication. Je ne puis me porter a y envoyer le P. Hersen ; mais il ne scaurait faillir a se preparer a un advent et karesme ce sera pour, ou et quand la divine providence le disposera. Peut estre que le P. Morin servirait à Riom

(1) Les Pères Gault furent l'un après l'autre évêques de Marseille, et le second, Jean-Baptiste, y mourut en telle odeur de sainteté que sa cause a été introduite en cour de Rome. Voir *Vies de Cloyseault*, I.

(2) Sans doute le P. Jérôme Vignier. Le P. de Bérulle voulut un certain temps adopter l'usage de désigner les Oratoriens par leurs prénoms, et il avait comme l'on voit gardé cette habitude pour quelques uns de ses disciples. Je crois que l'Oratorien dont il va être question pour Luçon n'est également désigné que par son prénom.

qui est un lieu quil nous faut considerer. Les PP. Bobillon et Duchesne a Langres, le P. Condran a Lion, le P. Guillaume a Lusson et a la Rochelle en attendant que Dieu nous donne de quoy mieux remplir ces lieux. Je vous supplie de peser cette pensée et d'en disposer selon qu'il plaira a Dieu le vous faire cognoistre. Je vous prie aussi mander de notre part au P. Bence *que nous le prions surseoir l'exécution de ces deux maysons* que vous me mandez jusques a ce que nous ayons esté en Lyonnois, desirant recognoistre avant que d'accepter ces dévotions la. Il faut suavement et sans se desdire, arrester ce cours ; la patience et piété meritant bien destre conjointe. Je n'espere pas y pouvoir aller de cet hyver, mais *il nest pas besoin den rien mander*. Je vous prie descrire à la mere prieure (1) de Caen. Vous servant de la main d'autruy, comme nos voyages et notre absence nous ont empesché de recevoir ses lettres et que vous avez charge d'accepter la piété de celuy quelle mande et de satisfaire a son desir et pour la fondation ; et pour son admission lors qu'il le jugera a propos : ne pressant rien mais aussi ne laissant perdre cette occasion que j'ayme mieux que celle de la mere prieure d'Amiens a laquelle il vaut mieuz que vous mandiez notre absence et que durant icelle vous n'osez pas accepter cette piété de la mere prieure, y ayant sujet de difficulté d'ainsy affecter a la congrégation ce que les filles veulent donner a leur monastère. Qui pouroit différer la vente il ny auroit point de mal, j'entens que le couvent l'achetast et non pas nous ; ou acheter la maison au nom du monastere si elle peut ayseement estre revendüe, en cas que nous ne fassions point de fondation en cette ville-la comme je n'y ay pas grande inclination. Je ne voudrois pas empescher lune ou lautre ouverture comme peu proejudiciable au monastere et non pressante notre résolution. Il y a icy un honneste home fils du procureur du Roy de Coignac desireux destre des nostres s'il va a Paris je vous prie le recevoir, il me semble capable. Il presche en ce pays et regit une cure. Je vous prie de prendre soin du colliege de Dieppe ; de vous informer de lestat diceluy de pourvoir a temps de bons régens pour l'année qui vient; et suppleer un a la prevoyance et expérience de celuy qui y est. Si nôtre frere Emond y pouvait faire un voyage envoyé par vous, il ne seroit pas inutile a remédier quelque chose de lexterieur, et je ne veoy aucun de nos peres qui peut y satisfaire *sans manquer a quelque chose de mieux* dans la mayson de Paris. Je vous supplie daffecter quelque nombre de messes en lhonneur de la Très Sainte Trinité, de Jésus, de sa Très Sainte Mere et des Anges pour les divers besoins de la *Congrogation*. Je ne les oublie pas, mais le bon plaisir de Dieu est dy faire recognoistre mon inutilité. Sa volonté soit faite au ciel et a la terre. Et l'abondance de son saint esprit soit communiquée a tous ceux quil a daigné appeler a son service en cette petite congregation. Jésus-Christ Notre Seigneur et sa Très Sainte Mere soient avec vous pour jamais. Je suys en eux,

Mon Pere,

Vostre tres humble et tres obligé serviteur,

PIERRE DE B. prestre de l'Oratoire de Jésus.

Peu de temps après, en septembre, le P. de Bérulle se mettait en route pour Tours. De là il se rendit à Saumur, puis à Luçon (2), y confirmer par sa visite l'établissement

____

(1) Des Carmélites. On sait que le P. de Bérulle avait été établi par le Souverain Pontife supérieur des Carmélites de France.

(2) Houssaye, Vie du P. de Bérulle, II, 304 et 5.

qu'avait si à cœur Richelieu qui lui écrivait encore le mois suivant « le suppliant d'avoir soin de Luçon, ce qu'il se promettait de son zèle et en considération de l'affection qu'il avait pour lui (1). »

Mais le grand cardinal devait quitter l'évêché de Luçon sans avoir eu la satisfaction d'aplanir toutes les difficultés et sans avoir vu le séminaire complètement organisé. Son successeur, Emery de Bragelongne, beaucoup moins puissant que lui et de plus obligé de payer à Richelieu une rente de 6,000 livres, ne put trouver les 3,000 livres nécessaires pour l'entretien des séminaristes. Aussi les Oratoriens, qui avaient tenu bon jusqu'à ce moment, se virent-ils obligés de se retirer (2). « Il ne resta plus à Luçon, dit de La Fontenelle (3), qu'un seul oratorien, le supérieur, René LeGentilhomme(4),qui fit constater le 1er décembre 1625 qu'il ne faisait plus que la petite et dernière classe, comme il y était tenu par sa charge de chanoine préceptoral. »

Il était, en même temps, comme on l'a vu, curé de Luçon, et c'est sous son administration (5), en 1634, que le titre paroissial fut transporté, de l'église Saint-Philbert, située devant la porte de l'évêché et tombée en ruines à la suite des guerres de religion, à Saint-Mathurin, qui avoisinait le grand séminaire actuel.

Le P. Gentilhomme ne jouit pas en paix de ses fonctions de prébendier préceptoral. Dès 1633, nous voyons le Chapitre lui contester cette charge, sans doute parce que le traité de 1616, inexécuté pour l'une de ses clauses principales, perdait par le fait même toute force de loi. Le Chapitre poursuivit le procès à ses frais (6), malgré le doyen, René Favier, qui donnait raison à l'Oratorien. Il est probable que le Chapitre eut gain de cause, car le Père Gentilhomme donna sa démission en 1644, puis en 1648 quitta définitivement Luçon pour devenir supérieur de l'Oratoire de Niort. C'est là qu'il mourut, le 27 septembre 1653, après y avoir fait construire une église « des deniers provenant de la vente d'une partie de ses biens patrimoniaux situés à Château-Gontiers (7). Cet édifice lui avait coûté 10,000 fr. »

On voit donc, en résumé, qu'aussitôt après le départ de

(1) Avenel, op. cit. I, 633.

(2) « Après la démission de Richelieu, les Oratoriens furent obligés de se retirer, les bénéficiers du diocèse ayant refusé de continuer le paiement de la taxe qui leur avait été imposée pour l'entretien des directeurs du séminaire. » *Procès contre les Jésuites*, p. 163.

(3) Op. cit. p. 436.

(4) Ce Père, reçu à l'Oratoire en 1613, un des premiers, y fut ordonné prêtre en 1618.

(5) Les Archives de l'évêché possèdent un certain nombre d'actes de son administration.

(6) De La Fontenelle, p. 449.

(7) Mémoire manuscrit sur le collège de Niort. — Voir aussi : Bouteiller, l'*Oratoire et le Collège de Niort*, 1865.

Richelieu, le séminaire oratorien de Luçon avait cessé d'exister ; puis, la dernière clause du traité de 1616 se trouvant également annulée par la démission du P. Gentilhomme en 1644, il n'y eut plus de maison de l'Oratoire à Luçon. On voit donc combien on s'est trompé en voulant retrouver les Oratoriens, à Luçon et au séminaire, sous l'épiscopat de Mgr de Lescure, près de quatre-vingts ans après la fin du séminaire oratorien de cette ville.

Si Richelieu était resté à Luçon, il est probable qu'avec cette implacable énergie de volonté qui fut la marque de son caractère, il serait venu à bout des obstacles qui empêchaient l'installation définitive des Oratoriens à Luçon. Mais au milieu des graves préoccupations qui remplissaient désormais sa vie, il perdit de plus en plus de vue le pays éloigné où il avait débuté sur la scène du monde. Cependant toujours il conserva avec les Oratoriens de nombreuses relations. On sait que le P. de Bérulle fut un moment pour la politique du grand cardinal, un obstacle sérieux. Je ne veux pas faire ici l'histoire des rapports du saint fondateur de l'Oratoire avec Richelieu. Cette histoire a été faite (1). Mais voici quelques détails curieux et inédits, sur ce qui se passa à la mort du P. de Bérulle, quand vint le moment de lui donner un successeur. Nous laissons parler Batterel (2) :

« Il n'est pas hors de vraisemblance que le cardinal de Richelieu songeât alors à se faire nommer luy même pour général, ou s'il voyait de l'opposition, à nous donner du moins, en la personne du P. de Harlay-Sancy (3), une de ses créatures pour supérieur, afin que se faisant ensuite déclarer cardinal protecteur de la congrégation par le pape, comme on verra bientôt qu'il le tenta, il pût la gouverner à son gré, tant sous le nom d'un chef qui étoit à luy que sous le sien propre, à titre de protecteur.

Dans ces conjonctures si délicates, une prompte élection étant nécessaire. »

En effet les Oratoriens précipitèrent les choses, et s'empressèrent de nommer supérieur général le P. de Condren.

« Quand le cardinal de Richelieu vit son coup manqué, continue Batterel, et qu'il n'y avoit plus lieu de prétendre gouverner la congrégation immédiatement par lui-même ou par quelqu'une de ses créatures bien affidées, il se rabattit à s'en faire du moins déclarer le cardinal protecteur, comme il avait déjà songé à l'être des carmélites d'abord après la mort de M. de Bérulle. Il ne perdit pas un moment pour agir à Rome, ayant fait écrire dès le 2 novembre,

(1) Voir Houssaye, Le cardinal de Bérulle et le cardinal de Richelieu, Paris, 1875, in-8°, et aussi les deux premiers volumes de la Vie du P. de Bérulle.

(2) *Mémoires manuscrits*, 3ᵉ partie, I, p. 52.

(3) Ce père, ancien ambassadeur du roi à Constantinople, mourut évêque de Saint-Malo.

c'est-à-dire trois jours après l'élection du P. de Condren,
la lettre suivante par le Roy à son ambassadeur :

« M. de Bethune, je vous ay cy devant écrit et donné
« ordre de demander, en mon nom, au pape, mon cousin,
« le cardinal de Richelieu pour protecteur des carmélites
« de mon royaume ; je vous fais à présent celle-cy pour
« vous dire que vous ayiez à faire instance à ce que par le
« même bref, la protection de l'Oratoire soit donnée à mon
« dit cousin conjointement avec celle des carmélites. » (1).

« Dès que nos pères en eurent le vent, ils comprirent sans
peine de combien dangereuse conséquence il pourrait être
pour l'état de la congrégation d'avoir à sa tête un esprit
si dominant et si despotique, de se laisser mettre sur le
pied d'avoir sous ombre de protection des maitres puis-
sans qui voudroient prendre plus que de raison connais-
sance de nos affaires, nous mener et donner le ton, et peut
être aussi de quelle indécence il seroit pour nous que les
enfans passassent pour s'être donnés, d'abord après la mort
de leur père, à celuy qu'on croyait dans le public en avoir
été l'ennemy mortel (2). Il y a donc apparence qu'ils em-
ployèrent tout le crédit que la faveur de la Reyne mère et
des principaux ministres leur assuroit à la cour, pour dé-
tourner sourdement ce coup. Aussy y-eut-il bientôt des
ordres contraires donnés à l'ambassadeur de suspendre
les démarches qu'il avait eu charge de faire à notre sujet,
et dans huit jours d'intervalles, il reçut une nouvelle lettre
du Roy du 10 de novembre portant (3) : « M. de Bethune
« je vous avois donné ordre par mes lettres du 12 du passé
« et du 2 du présent mois de demander en mon nom au
« pape, mon cousin le cardinal de Richelieu pour protecteur
« tant des religieuses carmélites que de l'Oratoire. Main-
« tenant je vous fais cette lettre pour vous dire que vous
« ne fassiez aucun office pour ce regard jusqu'à ce que
« vous ayez nouvel ordre de ma part. »

« Sur la précédente lettre du 2 l'affaire étoit déjà avancée
à Rome. Le P. Bertin (4) qui s'imaginoit que c'étoit nous-
mêmes qui nous étions procurés cette protection, avoit déjà
travaillé de concert avec M. de Bethune, a préparer les
mémoriaux nécessaires pour faire dresser le bref, et le cardinal Barberin, par pure considération pour l'Oratoire qu'il
croyoit et qu'il étoit bien aise de favoriser en cela, avoit promis prompte expédition ; mais tout fut sursis par rapport à
nous et il ne s'en parla plus dès qu'ils surent nos intentions.
Car pour ce qui regarde les carmélites, le cardinal eut de
Rome ce qu'il vouloit, et plus même qu'il ne vouloit et

---

(1) Biblioth. du Roy. Mss. de Bethune (*Note de Batterel.*)
(2) On allait, comme l'on sait, jusqu'à accuser Richelieu d'avoir fait
empoisonner le P. de Bérulle.
(3) Bibl. du Roy, Mss. de Bethune (*Note de Batterel.*)
(4) **P.** Bertin, Lettre a Gibieuf, 2 déc. 1629. (*Note de Batterel.*)

qu'elle ne pouvoit donner, comme je vois par une lettre du
garde des sceaux Marillac écrivant à Richelieu le 13 fev. 1630
et luy expliquant ainsy le *quiproquo* que les Romains avaient
fait (1) :

« Ceux qui ont fait l'expédition du bref pour la protection
« dont vous avez bien voulu honorer l'ordre des carmélites
« ont estimé — luy écrivait-il — que l'on demandait pour vous
« toute l'administration de feu Mgr le card. de Bérulle....
« d'où il est arrivé qu'ils vous y font et visiteur et superieur
« general de l'ordre sans même parler de la protection, le
« card. Barberin ayant cru que cette expédition étoit con-
« forme aux ordres donnés, il n'a su cette méprise qu'après
« que le bref a été envoyé en France et en a écrit à M. le car-
« dinal Bagny (notre nonce) pour le renvoyer à Rome, afin
« de le faire reformer. » M. de Marillac luy explique ensuite
comment M. de Berulle etoit un des trois superieurs de
l'ordre, dès le tems qu'il n'étoit encore que simple ecclé-
siastique ; qu'il en fut depuis nommé visiteur, en qualité de
superieur general de l'Oratoire, et qu'après que le pape
l'eut fait cardinal, il luy donna par un bref particulier le
droit de retenir tous ces titres et d'y ajouter encore celuy
de protecteur dudit ordre en France, à titre de cardinal,
qu'à sa mort le P. Gibieuf avoit été nommé superieur de
l'ordre à sa place, et le P. de Condren avoit eu l'employ de
leur visiteur général, attaché à celuy de general de l'Oratoire, et qu'ainsy le bref du pape ne pouvoit plus régulière-
ment luy donner que la fonction et qualité de protecteur de
cet ordre, la seule qui fut vacquante (2). »

Richelieu, pour avoir été ainsi évincé, n'en restait pas
moins en bons termes avec la congrégation. Il avait, comme
tous ses contemporains, une vénération profonde pour le
P. de Condren, qui rendit de si utiles services lors des
démêlés de Gaston d'Orléans avec son frère. Avenel dit (3)
très exactement à ce sujet que Richelieu « aurait récom-
pensé ces services par un évêché, si l'humble père qui
n'avait pas accepté l'offre du roi de le faire cardinal n'eut
également refusé la mitre que voulait lui donner Richelieu. »
On se rappelle que c'est à la sollicitation de l'ancien évêque
de Luçon que le P. de Condren composa un *Discours sur
l'astrologie* et un *Traicté des équivoques*, qui eurent plusieurs
éditions (4).

Le deuxième successeur du P. de Bérulle, le P. Bourgoing
jouissait également de l'estime et de l'amitié de Richelieu.
Rappelons ce fait curieux, rapporté par Cloyseault (5) : « Le
« grand cardinal de Richelieu faisait tant d'estime des mé-

<hr>

(1) Mss. du Roy au dépôt du Louvre. Lettres des ministres
an. 1627-1630 (*Note de B.*)
(2) *Batterel*, ibid, p. 58-59, N° 6.
(3) Correspondance de Richelieu, I, 836.
(4) *Essai de bibliographie oratorienne*, p. 37.
(5) Générulat du P. Bourgoing, II, p. 10.

« ditations du P. Bourgoing (1) qu'il en lisait d'ordinaire une
« les jours qu'il disait la sainte messe et que le plus souvent
« il les portait avec lui dans son carosse pour en lire quand
« il se trouvait seul. »

Voici encore un trait, emprunté aussi à Batterel (2), et
qui confirmera ce que nous disions au commencement de
la sollicitude de Richelieu pour l'éducation et l'instruction
du clergé.

« Le cardinal de Richelieu réfléchissant sur ses derniers
jours, à l'utilité extrême des séminaires, par rapport au but
qu'il se proposait de renouveler le clergé de France, s'avisa
quoi qu'un peu tard, en 1641, de mettre entre les mains du
P. Bourgoing la somme de 3,000 écus pour aider à faire
l'ouverture de ces exercices ecclésiastiques dans celles de
nos maisons, où cet établissement lui paraitrait mieux con-
venir : se proposant et bien résolu d'assurer ensuite le
fonds, pour le perpétuer, selon qu'il en verroit les progrès.
Il falloit que cette Eminence nous eut déjà fait quelqu'autre largesse puisque la 3e assemblée en 1639 (3), luy
décerna des remercie ments pour ses bienfaits envers la congrégation, et la maison de Paris en particulier, ainsy que
des prières pour la continuation de sa prospérité, — sans
expliquer ce que c'étoit....... Mais la mort du cardinal au
mois de décembre de la même année, sans avoir eu le
temps d'assigner les fonds projettés, fit avorter presque tous
ces nouveaux essays... »

L'un des Oratoriens avec qui Richelieu eut le plus de
relations fut le P. Louis du Laurens. Cet Oratorien, né à
Montpellier, de parents protestants, fut d'abord ministre de
la religion « prétendue réformée. » « La lecture des Saints
Pères, racontent les *Annales de l'Oratoire* (4), lui ouvrit les
yeux sur les erreurs de sa religion qu'il abjura étant encore
jeune. Après qu'il eut été confirmé dans notre foi, on le
jugea propre à affermir les nouveaux convertis et à porter
un grand nombre de nos frères errants à rentrer dans le
giron de l'Eglise, et pour le mettre en état d'y travailler
plus efficacement, on fut d'avis qu'il entrât dans les saints
ordres... M. le cardinal de Richelieu, qui connut son mérite (5), le chargea seul d'un ouvrage qui aurait demandé
le concours des plus habiles théologiens de l'Europe. Le
dessein de cette éminence était d'attirer les plus fameux
ministres à des conférences et de les convaincre publique-
ment de leurs erreurs... M. du Laurens (il n'entra que plus
tard à l'Oratoire) se persuadant qu'il ne lui serait pas facile

(1) Ces méditations vont être prochainement rééditées, par la li-
brairie Saint-Michel : le premier volume est sous presse.
(2) Op. cit. p. 151-152.
(3) Bourgoing, Lettre circulaire du 3 juin 1641.
(4) Archives nation., MM 623, p. 363.
(5) Richard Simon (*Lettres choisies.* 1. 11) rapporte que c'est sa
manière de prêcher qui le fit connaître à Richelieu.

de réussir seul, demanda à M. de Richelieu de lui associer un docteur de Sorbonne, un jésuite et un prêtre de l'Oratoire : « Les docteurs de Sorbonne, répondit Son Eminence, sont bons contre les hérétiques des temps passés ; je ne veux pas me servir des jésuites, et les pères de l'Oratoire sont trop mystagogiques (1) : travaillez seul. » Du Laurens s'exécuta. Au plus fort de ses graves occupations, Richelieu lui donnait audience pour se concerter avec lui, comme le prouve ce curieux billet (2) que lui adressait le 26 mai 1638, l'ancien ministre :

« Monseigneur,

J'ay quelquefois tasché d'approcher de vostre eminence pour luy rendre compte de mes veilles, mais le peu de dispositions que j'y ai trouvée, m'a fait rentrer dans mon estude, ou elle sçait bien que les moments me doivent estre chers pour exécuter promptement ses volontés. Neantmoins (Monseigneur) il me semble aucunement necessaire que j'aye l'honneur de parler à vous ; soit pour luy montrer deux pièces de l'ouvrage que je n'ay osé confier à personne en l'absence de Monsieur l'évesque d'Auxerre ; soit pour vous dire quelques pensées que j'ay sur ce subject ; soit pour recevoir dans la continuation de ce travail tous les nouveaux ordres qu'il vous plaira donner à

Monseigneur
Vostre tres humble, tres obeissant et tres obligé serviteur

DU LAURENS.

Mais ici encore, comme pour l'établissement des Séminaires, le cardinal mourut avant l'exécution de ce plan. Il ne lui revient pas moins beaucoup d'honneur, à côté de la gloire des grandes choses qu'il put accomplir, pour avoir conçu ce que nos *Annales* appellent *un grand dessein*.

II

Barillon et l'Oratoire.

Si les Oratoriens ne dirigeaient plus le séminaire de Luçon et n'y avaient plus de résidence fixe, ils n'en devaient pas moins continuer à venir fréquemment donner des missions dans le diocèse. H. de Barillon surtout, leur élève et leur ami, chercha à les y attirer. Il était intimement lié avec plusieurs d'entre eux, notamment avec le P. de Monchy (1). Ce pieux prêtre, qui avait succédé au P. de Condren comme directeur de Gaston d'Orléans et qui l'as-

(1) On se rappelle cependant que nul mieux que le P. de Bérulle, d'après le témoignage de saint François de Sales, ne savait mieux à la fois convaincre et convertir les hérétiques.

(2) Autogr. de notre collection particulière.

(3) Sur le P. de Mouchy, voir *Cloyseault*, Bibliothèque oratorienne, III, p. 75.

sista à sa mort, fût aussi l'un des instruments de la conversion de l'abbé de Rancé. Il était également l'ami du cardinal Le Camus qui l'emmena, en 1674, dans son diocèse.
C'est en se rendant avec lui à Grenoble, qu'il écrivit de
Lyon, le 30 octobre, la lettre suivante à H. de Barillon, qui
venait d'être nommé à l'évêché de Luçon.

Dieu vous fait evesque malgré que vous en aies je le prie de tout
mon cœur qu'il vous fasse de ces anciens que vous avez plus estudié
et que vous connaissez mieux que les nouveaux. Touts ceux qui
aiment l'église se réjouissent de vostre promotion et ceux qui vous
aiment s'en affligent parce qu'ils prennent part à vostre douleur.
Pour moy je vous advoue que je suis fort divisé sur ce subject, mais
comme je dois aimer Dieu et l'église plus que vous, vous trouveres
bon (quoique je sois tres méchant) que je me range du parti de tous
les gens de bien et que je remercie Dieu de tout mon cœur de vous
avoir fait evesque contre vostre volonté et apres y avoir aporté toutes
les oppositions possibles ; car après avoir donné ce grand exemple à
l'église en vous apelant de cette sorte à l'épiscopat, j'espère qu'il vous
donnera toutes les autres graces necesserés, pour vaincre dans cette
saincte condition et le monde et les coustumes et maximes du siècle
qui s'y sont glissées ; et pour restablir la sainteté de l'esprit épiscopal
tel que saint Paul l'ordonne à ces deux grands evesques ses dissi-
ples ; voilà ce que l'église demande de vous et ce que je deman-
derai à Dieu pour vous du meilleur de mon cœur. Vous savez ce que
je vous suis et j'espère (que) ce que vous estes maintenant ne vous
fera pas oublier celuy qui est plus que personne au monde Monseigneur vostre tres humble et tres obeissant serviteur.

De Monchy,

Prestre de l'Oratoire.

Un autre Oratorien, le P. H. de Colin de Juanet (1), que
Barillon avait connu à Saint-Magloire, lui écrivait sur le
même sujet, le 3 novembre, de Marseille où il résidait
comme visiteur des maisons de Provence.

Monsieur

S'il ne fallait que gémir pour soulager la douleur que vous sentez
de votre promotion à l'épiscopat je me condamnerois à gémir toute
ma vie et je serois ravi en entrant dans vos sentimens de vous faire
paroistre mon zèle et mon attachement pour votre chere personne.
Mais Monsieur votre douleur et la mienne tiennent de la nature de
celle de la pénitence. Il faut qu'un pénitent s'afflige et se réjouisse
de son affliction, et si vous croyez d'avoir sujet de vous affliger de
votre promotion vous en avez encor davantage de vous en réjouir. Il
y a en toute votre conduite sur ces affaires un caractère si visible de
a vocation de Dieu qu'il me semble qu'en nos jours Dieu a renou-
vellé en votre personne la vocation des Augustins et des Ambroises.
Il vous a fait soutenir en Sorbonne les vérités de la foy et de la dis-
cipline dont il a rendu ces grands hommes les dépositaires, mais avec
tant de fermeté, de désinteressement qu'on peut dire veritablement

(1) Voir sur ce Père, *Cloyseault*, op. citat., III, p. 48, note 1.

que ce qui a le plus traversé votre promotion est ce qui l'a plus avancée.

Pardonnez moy donc si je prefere en cette occasion les intérêts de l'église aux intérêts particuliers de votre repos, et si mes sentiments en ce point seulement ne s'accordent pas avec les vostres. Je bénis Dieu de tout mon cœur de votre promotiou et je me réjouis de vous voir en estat de communiquer aux autres comme pere de l'eglise ce qu'elle vous a appris comme a un de ses chers enfans. Je vous demande par avance votre sainte bénédiction et je suis avec les derniers respects et un attachement tout particulier

> Monsieur
>
> Vostre tres humble et tres obeissant serviteur
>
> H. JUANET, prestre de l'Orat.

Le P. de Monchy était encore auprès de Mgr Le Camus, quand, à l'occasion de la mort de M. de Morangis, il écrivait à l'évêque de Luçon la lettre suivante :

> Monseigneur
>
> Je ne peus vous exprimer la douleur sensible et l'affliction que j'ay eue d'avoir apris hier au soir (1) la perte que non seulement vous avec tous les gens de bien, mais aussi l'église et les pauvres ont faitte de feu Monsieur de Morangis. La seulle chose qui peut consoler ses amis dans cette rencontre c'est sa piété et la multitude de ses bonnes œuvres qui font espérer que Dieu luy a fait miséricorde puisqu'il l'avait faite toute sa vie si abondamment. J'ay regardé cet accident comme un trait de la providence de Dieu et sur luy et sur vous, car assurement il eut eu une tres grande peine de vous perdre et comme vous estes de bon naturel vous eussiez aussi ressenti cette séparation. Dieu vous a deslivré tous deux de ce petit atachement et a rompu vos liens en vous mettant tous deux en liberté, luy en la liberté des saincts, vous dans la liberté d'aller travailler utilement dans votre diocèse (2) et y emploier toute la grace et toute la lumière que Dieu vous a donnée: je scay par expérience que vous en avez beaucoup, mais je vous assure que quand vous serez dans votre diocèse et que vous vous appliquerez sérieusement à vos fonctions qu'elle augmentera de jour en jour et que Dieu vous fera fere des choses que vous n'ussiez jamais osé espérer de vous mesme; comme je voi qu'il arrive à Mgr de Grenoble que Dieu bénit visiblement tous les jours de plus en plus. Je n'ose m'estendre sur ce subject davantage. Je reviens donc a vous pour vous assurer que je prends toute la part que je dois a votre affliction et qu'aiant commencé aujourduy à la sainte messe de recommander à Dieu ce pauvre deffunct, je continueray toute ma vie, car vous savez qu'il m'y a obligé par toutes les bontés qu'il a eues toujours pour moy que je vous conjure de me continuer puisque je suis
>
> Monseigneur
>
> Vostre tres humble et tres obéissant serviteur
>
> DE MONCHY, prestre de l'Oratoire.

(1) M. de Morangis, mourut le 4 avril 1672.

(2) Barillon, on s'en souvient, ne prit possession de son siège qu'à la fin de 1673.

Mgr de Barillon avait un frère aîné, Jean-Jacques (1), qui, d'abord chanoine de Notre-Dame de Paris, puis prieur de Gizy, près Notre-Dame de Liesse, s'était ensuite retiré à Laon où il était devenu chanoine. On verra, par les lettres suivantes, qu'il ne le cédait en rien à son cadet par la sainteté de sa vie et surtout par son inépuisable charité. C'est à l'occasion de la mort de cet homme de Dieu que le P. Dorigny (2), supérieur du séminaire de Laon, écrivait à l'évêque de Luçon la lettre suivante, datée du 24 septembre 1683.

Monseigneur,

Vostre benediction s'il vous plaist. Je ne doute pas que vous n'ayez desja sceu que Dieu a disposé de M. l'abbé de Barillon vostre frere. Je ne vous escris pas aussi pour vous le faire scavoir, mais pour vous tesmoigner la douleur que j'ay ressentie non seulement avec nostre seminaire dont il a esté bienfaiteur, mais aussi avec toute la ville qui a receu tant d'effets de sa liberalité et de sa charité, qu'il n'y a personne qui n'ayt tesmoigné de sensibles regrets de sa perte. Les orphelins ont perdu leur pere en le perdant, les escholes leur appuy, le chapitre de cette ville un grand exemple de vertu, les pauvres leur secours, et ce diocèse son plus riche trésor; il est vray que si ses bonnes œuvres font le sujet de notre douleur et de nos regrets, elles font aussi le sujet de nostre consolation, parce qu'elles ont rendu sa vie sainte, et sa mort précieuse aux yeux de Dieu, qui les a comme nous esperons desja couronnées. Il est mort dans les sentiments d'une profonde humilité, car Monseigneur nostre evesque qui l'a visité souvent pendant sa maladie et qui l'a assisté a sa mort, luy ayant dit quelque chose qui tournoit a sa louange, et qui le pouvoit flatter, il luy dict qu'il falloit le traiter comme un grand pécheur et luy parler de ses infirmités et de ses miseres ; ce sont, Monseigneur, les dernieres paroles qu'il a prononcées, et est mort un quard d'heure après dans une grande paix *in osculo Domini*, et entre les bras de nostre illustre Prelat. Je n'ay pas aussi manqué a mon devoir en cette occasion ou j'estois engagé par le respect que j'ay tousjours eu pour sa personne, et par la reconnoissance que je conserveray toute ma vie avec le seminaire auquel le deffunct a fait unir le prioré de Gisy pres Liesse pour eslever de pauvres ecclesiastiques ; ce n'est pas,

(1) Relevons, à propos de Jean-Jacques Barillon, une erreur de l'annotateur des *Mémoires du P. Rapin*. Cette rectification a son importance, car c'est aussi sur cette erreur qu'on a fondé l'accusation de jansénisme dont on a entaché la mémoire de Mgr de Barillon. Rapin nomme, au livre 6ᵉ de ses mémoires (t. I, p. 404) *les Barillon* parmi les membres habituels des réunions jansénistes de l'hôtel de Nevers. Or, il est manifeste par un passage parallèle du livre 11ᵉ, (II, p. 367) que Rapin veut parler de Barillon l'ambassadeur et de Barillon-Morangis, deux autres frères de l'évêque et du chanoine, dont il n'est pas même question dans Rapin.

(2) Né à Troyes en 1622, Louis Dorigny entra à l'Oratoire en 1643 et mourut à N.-D. des Vertus en 1699. Le cardinal d'Estrées en fut si content à Laon qu'il ne voulut pas d'autre supérieur que lui à la tête de son séminaire. Ce fut à son sujet que le P. de Sainte-Marthe demanda à Rome et obtint en 1683 un bref dérogatoire, en faveur des séminaires, à l'article de nos statuts qui porte que nos supérieurs ne seront point prorogés au-delà de 6 ans.

Monseigneur, la seule grace que nostre Congregation tient de vostre illustre famille, mais c'est peut-estre la plus considerable, puisqu'elle nous donne le moyen de servir l'Eglise, dont l'amour nous lie fortement a Nosseigneurs les eveques, a qui nous faisons gloire de rendre une fidelle obeissance ; c'est en suivant cet esprit que je m'estime heureux de vous asseurer que je suis avec respect Monseigneur

Vostre tres humble et obeissant serviteur

Dorigny, prestre de l'Orat^e

Sup. du Semin^e de Laon.

C'était aussi pour le consoler de la mort de son frère que le P. de Monchy écrivait à Mgr de Barillon, quelques jours après le P. Dorigny. A ce moment le P. de Monchy était de retour à Paris où il faisait, au séminaire archiépiscopal de Saint-Magloire, des conférences qui avaient un grand succès.

Le 28 septembre.

J'ayme mieux cent et cent milions de foys la place de Monsieur l'abbé Barillon que celle de Monsieur Pelletier (1), le salut de l'un est dans la plus grande certitude et la plus grande sureté que l'on puisse avoir, puisque sa vie a esté dans la plus grande humilité, la plus grande charité, la plus parfette mort au monde et la plus grande patience qui se puisse voir ; et pour l'autre il est dans le plus grand peril et la plus dangereuse condition qui soit au monde. C'est pourquoi je ne scaurois regreter Monsieur vostre frere et je ne scaurois assez m'affliger de l'eslevation de l'autre ; car si nous nous affligions de sa mort nous aurions perdu la foy et l'esperance *ut non contristemini sicut cœteri qui spem non habent*. C'est pourquoi je ne pretens pas vous en consoler, mais seulement vous dire que je remercie Dieu avec vous des graces que Dieu luy a fait, d'avoir si fidellement et si sainctement servi l'Eglise. Il l'a edifiée par une vie tres penitente et tres esloignée de tout fast, et de toute ambition, sans que jamais il y ait eu aucune tache dans sa conduite et dans ses mœurs, il a montré un rare exemple de son desinteressement en se defesant de ses benefices, et dans sa jeunesse il en a condamné la pluralité, il a fondé un seminere qui est le plus grand bien qui se puisse faire dans l'Eglise vous le savez par vostre propre experience (2), il a formé de saintes communautés pour instruire les pauvres dans la campagne. Qui a-t-il dans l'Eglise de plus grand, *qui ad justitiam erudiunt multos quasi stellæ in perpetuas æternitates* et avec tout cela il s'est donné et consommé luy mesme au service de Dieu, de l'Eglise et des pauvres, estant persuadé que tout ce que nous pouvions donner n'est rien et n'est point regardé de Dieu si nous ne nous donnons nous mesme ; il faut donc mon tres cher Seigneur pleurer sur nous et non pas sur luy ; mais comme personne n'est tellement juste qu'il n'ait besoing de la miséricorde de Dieu plus il a fait de bien plus il faut que nous prions Dieu pour luy, les prestres de l'Oratoire y sont plus

(1) Claude Le Pelletier venait de succéder à Colbert comme controleur général des finances. On verra plus bas l'éloge mérité qu'en fait le P. de Monchy.

(2) On se souvient que « la première chose que fit Barillon à son arrivée à Luçon, fut de terminer le séminaire à qui M. de Colbert n'avait pu donner la dernière main. » Fontenelle, p. 547.

obligés que les autres, car oultre l'ancienne et continuelle obligation que nous avons depuis tant d'années a toute vostre maison, nostre communauté de Laon ne subsiste que par ses charités, il est leur pere, il faut que eux et nous le recommandions beaucoup a Dieu auquel assurement ses bonnes œuvres l'ont rendu tres recommandable.

Pour ce qui est de M. Pelletier, c'est un tres homme de bien et qui a les meilleures intentious. Le roy ne pouvait pas choisir une personne qni eut l'esprit et le cœur plus droit, c'est pourquoi j'espere qu'il fera tout le bien qu'il pourra. Je n'ay pas lessé d'avoir un sensible deplaisir de cet emploi, car quand on aime ses amis pour l'autre vie on craint pour eux les biens et les honneurs de celle-cy qui en sont de tres grands empeschements, selon cette terrible vérité de l'Evangile : *Quod altum est hominibus abominabile est apud Deum ;* on ne peul pas avoir une plus sage conduite ny une plus grande moderation que celle qu'il tient, et avec cela il a une application merveilleuse, de sorte que tout le monde est fort content de luy. Je ne l'ay pas encore veu, il ne sera icy que le 7 ou le 8 octobre.

Vous seres assurement bien aise d'apprendre que M. le chancelier (1) est en très bonne santé ; il quitte le quinquina qui a mon gré luy estoit un grand preservatif contre la fievre. C'est ce qui me fait craindre qu'elle ne revienne.

Le bon abbé de Berulle (2) est a l'extremité, l'on ne peut pas mourir plus sainctement et l'on peut dire de luy en cet estat ce que Severe Sulpice dit de Saint Martin : *In cælum semper intentus invictum ab oratione spiritum non relaxabat.* Une très bonne et sainte vie a precédé cette bonne fin.

Je pense que vous avez bien remercié Dieu de la levée du siège de Vienne (3) et de la deroute des Turcs. C'est un miracle et une miséricorde sur la chrestienté.

Cet ecclesiastique nommé M. Garnier (4) n'est pas icy presentement. Il a pris un peu de temps pendant les vacances pour aller a la campagne. Quand il sera de retour, je luy parlerai de vostre part et luy dirai l'honneur que vous luy fetes de panser a luy.

Quoique je ne vous escrive pas souvent je vous conjure de croire que vous estes une des persounes du monde pour lequel j'ay plus de considération, plus de veneratiou et plus d'atachement, et que je panse continuellement au bien que Dieu a mis en vous et que ce m'est une consolation et une force d'estre très persuadé que vous me fetes l'honneur de m'aimer. Continuez je vous prie, vous ne pouvez jamais fere cette grâce a une personne qui le mérite moins. Mais en cela mesme vous meriterez davantage, car vostre charité en sera plus semblable à celle de Notre-Seigneur qui nous a aimés estant sans aucun mérite et que c'est sa seule grace qui nous en donne de veritable. Demandez la je vous conjure mon très bon et très cher Seigneur pour votre très humble et très obéissant serviteur.

De Monchy, prestre indigne.

Enfin citons une dernière lettre du P. de Monchy à Barillon qui est du 16 février 1685 :

(1) Michel Le Tellier. C'était un parent du P. de Monchy, et l'Oratorien avait auprès de lui un grand crédit.

(2) Pierre de Bérulle neveu du vénérable fondateur de l'Oratoire, aumônier du roi puis abbé de Pontlevoy.

(3) C'est le 12 septembre 1683 que Sobieski délivra la capitale de l'Autriche.

(4) Nous n'avons pu savoir de qui il est ici question.

Je vous advoue que depuis que l'on m'a dit que vous estiez tombé
dans des infirmités que j'ay esté tres sensiblement touché. Vostre
lettre m'a un peu remis, mais pas tout a fait. Je prierai Dieu le reste
de ma pauvre et languissante vie qu'il vous conserve long temps pour
le bien de son Eglise. Pour moi, mon tres cher prelat, il faut que je
vous dise que je ne suis plus rien, que je ne puis plus ny parler ny
marcher qu'avec peine et que je suis au bout de ma carriere et qu'il
ne me reste plus de vie que pour exercer la patience de ceux avec
lesquels je vis et leur donner de continuelles occasions de pratiquer
les œuvres de charité envers un miserable qui ne merite rien et qui
ne peut plus rien faire. Tout ce qui me reste de bon, c'est comme
mon mal ne me donne pas de grandes douleurs je peux avec facilité
demander pardon a Dieu et expier par priere et par charité les péchés
que je ne peux plus expier par la pénitence. Je peux aussi estre se-
couru par les prieres d'un aussi bon prelat et aussi charitable que
vous, c'est ce que je vous demande au nom de Dieu et de tout mon
cœur.

Je reviens a ce que vous me fites l'honneur de me mander tou-
chant vostre chanoine qui avait entrepris de solliciter les affaires de
Madame de Mondonville (1). Aussitôt que j'eus receu vostre letre,
j'allai trouver Mr le chancelier (2) que je trouvai avec M. de
Reims (3). Je leur conte vostre peine, ils me dirent tous deux que
vous n'aviez point de subject d'en avoir. M. de Reims voulut lire
tout du long vostre letre, il tesmoigna tousjours beaucoup d'estime
pour vous, et me dirent tous deux que rien ne pouvait retomber sur
vous et que vous vous missiez en paix sur cette affaire, vous n'estes
pas responsable de tout ce que font ceux qui ont esté chez vous ; la
meilleure chose qu'ait fait ce bon chanoine c'est de se retirer sage-
ment, il est vrai aussi qu'il y a quelque temps qu'il me vint prier
pour Madame de Mondonville, mais je luy dis que la chose qu'il me
demandait n'estoit point fesable. Depuis je n'ay point oui parler de
luy. Si vous apprenez quelque autre circonstance de cette affaire,
mandez le moy et je ferai tout ce que vous m'ordonnerez, car j'ai
encore assez de force pour agir auprès de mes amis, quand il sera
question de vous servir, car je vous prie de croire que je suis à vous
d'une telle sorte et je prends tant de part a tout ce qui vous touche,
que rien n'est capable de me faire manquer a ce que je vous dois.
Aimez moy, je vous prie autant que je vous honore et soiez assuré
que ni le temps ni l'esloignement ne me feront oublier que je suis
vostre tres obeissant serviteur.

De Monchy, prestre.

L'année suivante, le 8 novembre 1686, mourut le pieux
ami de Mgr Barillon, à l'âge de 76 ans dont il en avait passé
près de 58 dans la congrégation.

Mgr de Barillon, élève des Oratoriens, et, comme on vient
de le voir, leur intime ami, dut naturellement songer à les
employer dans son diocèse, lors de la Révocation de l'Edit
de Nantes. Voici quelques détails sur leurs travaux dans le

---

(1) C'est le 12 mai 1686 que fut supprimée, par arrêt du conseil, la
congrégation des *Filles de l'enfance de N. Seigneur*, fondée par
cette dame.

(2) C'était toujours Le Tellier. Il mourut en 1685.

(3) Maurice-Charles Le Tellier, fils du précédent et frère puîné de
Louvois.

diocèse de Luçon, détails que nous empruntons aux *Memoi-res* déjà cité du P. Batterel (1).

Missions du Diocèse de Luçon

Quatre bons ouvriers furent employés, en trois endroits de ce diocèse, et Dieu bénit leur travail en deux de ces endroits.

A La Chaume, qui fait partie des Sables-d'Olonne, dès que nos pères parurent, tous firent abjuration entre leurs mains d'une façon qui parut sincère. Un grand nombre se confessèrent. D'autres demandèrent du temps, mais sans feinte et de bonne foi. Ils crurent même pouvoir donner la communion à plusieurs. Tout ce peuple avait pris en eux tant de confiance qu'il ne les put voir partir sans un sensible regret. Le père Fresnau (2) écrit que de sa vie il n'avait vu gens si innocents pour les mœurs et si ennemis du péché ; que les hommes et les femmes connaissaient à peine le nom de l'impureté ; qu'il était inouï en ce pays là que de voir garçons et filles ensemble ; et que les anciens catholiques y étaient aussi instruits et dévots.

De là ils furent à la principauté de Talmont, où ils avouent qu'ils ne firent presque aucun fruit, quoiqu'ils s'y donnassent toutes les peines imaginables. Et c'étaient assurément de zélés et d'infatigables ouvriers que les Pères Passavant et Le Porcq (3), qui s'y étaient rendus de Saumur. Mais il y avait, à Talmont, beaucoup de noblesse, et elle avait pris tant d'ascendant sur le peuple qu'il ne leur fut pas possible de l'amener à son devoir.

Dieu les dédommagea de ces rebuts par les succès les plus consolants qu'ils eurent à Saint-Gilles, colonie huguenotte, où ils n'y avait pas plus de cent nouveaux convertis, le reste s'étant retiré en Angleterre, à cause du voisinage et de la facilité d'y faire transporter ses meilleurs effets. Mais ce qui resta était un nombre d'élite qui donna les marques les plus évidentes de la sincérité de leur retour. Après trois mois entiers de travail, ils ne pouvaient se résoudre à laisser partir nos ouvriers. Ils voulaient du moins garder plus longtemps le P. Passavant. L'évêque même, Henri Barillon, insista beaucoup pour cela (4) ; il répondit qu'il avait une classe et un supérieur, et que si celui-ci lui ordonnait de rester ou d'y retourner après les vacances, car c'était à quoi l'évêque se retranchait, il partirait sur le champ, n'ayant, grâce à Dieu, d'autre règle de ses désirs que la volonté de ses supérieurs.

Et ceux qui ont connu ce saint prêtre, savent qu'en cela il disait très vrai.

Si Barillon ne réussit pas à garder dans son diocèse les pieux missionnaires dont il vient d'être question, il obtint plus tard que d'autres oratoriens vinssent s'y fixer. Le pre-

(1) III, 2, p. 254.

(2) Originaire du Mans, cet oratorien avait occupé dans la congrégation plusieurs fonctions importantes dans les collèges, entr'autres la supériorité de Juilly. Comme presque tous ses confrères, il employait le temps des vacances à prêcher des missions. Il mourut en janvier 1703, à Vendôme.

(3) De plus, l'un et l'autre étaient de savants théologiens. Le P. Le Porcq (1636-1722), est l'auteur d'un excellent livre contre le jansénisme, et le P. Passavant (1645?-1713), enseigna la théologie à N.-D. des Ardilliers pendant plus de 30 ans.

(4) Lettre du 20 mars 1686. (Note de Batterel).

mier fut le P. René Duguast qui, entré dans la congrégation vers 1665, professa longtemps au séminaire de Saint-
Magloire et habitait l'Institution, quand Mgr de Barillon y
fut sacré en 1672. Il vint à Luçon vers 1693 et fut nommé
grand-chantre et chanoine de la cathédrale. Quand Barillon
vint à Paris pour l'opération dont il mourut, le P. Dugast
l'y accompagna (1); il assista aux derniers moments du saint
prélat, puis revint à Luçor où il mourut le 25 juin 1710.

Un second oratorien que Barillon appela à Luçon est le
P. Germain Dupuys. Il y vint un peu plus tard que son con-
frère et fut pourvu de la dignité de théologal et d'archidia-
cre. On sait les démêlés qu'il eût avec Mgr de Lescure. Nous
n'avons pas à entreprendre de le justifier. Qu'il suffise de
dire que s'il eut contre lui le successeur de Barillon, il y a,
en sa faveur, le témoignage de Bossuet qui est assurément
de quelque poids ; et que l'intervention du grand évêque mit
fin au débat.

D'après le P. Lelong (2), le P. Dupuys serait l'auteur de
l'*Abrégé de la vie de Mgr de Barillon*. Il est plus probable cependant que ce petit ouvrage est de l'abbé Dubos. Mais
c'est au moins le P. Dupuys qui, à la cérémonie de la trans-
lation à Luçon du cœur de Mgr de Barillon, le 29 juillet 1699,
prononça l'oraison funèbre du prélat (3). Le P. Dupuys
mourut à Luçon le 1er janvier 1713.

D'autres oratoriens (4) vinrent sans doute dans le cours
du 18e siècle exercer leur zèle dans le pays qu'avaient évan-
gélisé leurs prédécesseurs. Mais nos documents ne nous
apprennent rien à ce sujet, et il faut descendre jusqu'au
moment de la Révolution, pour retrouver à Luçon un souve-
venir de l'Oratoire. Lors de l'élection de l'évêque constitu-
tionnel de cette ville, le P. Servant-Duvivier, supérieur de
l'Oratoire de Saumur fut désigné par les électeurs et eut un
moment la tentation d'accepter. Mais bientôt, au péril de sa
vie, il envoya sa démission au département, après une
lettre de Mgr de Mercy qui lui exposait avec autant de force
que d'onction la profondeur de l'abime où il se précipiterait
par son acceptation (5). »

(1) Mention est faite dans les *Annales domestiques de l'Oratoire*,
de la mort de Mgr de Barillon, comme d'un ami de la congrégation.
Le P. de La Tour et ses assistants assistèrent aux obsèques.
(2) *Bibliothèque hist.*, I, p. 585.
(3) Cette oraison funèbre fut imprimée, Paris, 1704, in-4º.
(4) Rappelons les prédications à Luçon du P. Thouron, dont il a été
question plus haut. Un autre oratorien, le P. Formentin, mourut,
en 1696, dans le diocèse de Luçon. Le très anti-janséniste P. Bordes
était aussi l'ami de Mgr de Barillon.
(5) *D'Auribeau*. Mémoires, p. 688.

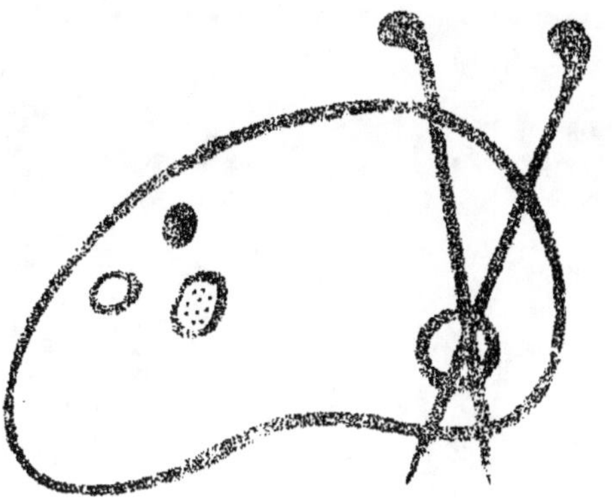

Original en couleur

NF Z 43-120-8

www.ingramcontent.com/pod-product-compliance
Lightning Source LLC
LaVergne TN
LVHW010125060726
842524LV00005B/1732